Julia Böhm

Der Positivismusstreit - Adornos Standpunkt

Adornos Korreferat "Zur Logik der Sozialwissenschaften"

Julia Böhm

Der Positivismusstreit - Adornos Standpunkt

Adornos Korreferat "Zur Logik der Sozialwissenschaften"

GRIN Verlag

Bibliografische Information der Deutschen Nationalbibliothek: Die Deutsche Bibliothek
verzeichnet diese Publikation in der Deutschen Nationalbibliografie; detaillierte bibliografische Daten sind im Internet über http://dnb.d-nb.de/ abrufbar.

1. Auflage 2011
Copyright © 2011 GRIN Verlag
http://www.grin.com/
Druck und Bindung: Books on Demand GmbH, Norderstedt Germany
ISBN 978-3-640-90447-1

Universität Bielefeld

Fakultät für Soziologie

Studiengang: B.A Soziologie

Veranstaltung: Geschichte der Soziologie (Übung)

Wintersemester 2010/2011

Der Positivismusstreit - Adornos Standpunkt

Grundlage: Adornos Korreferat „Zur Logik der Sozialwissenschaften"

Inhalt

1 Einleitung

Als Positivismusstreit wird die Auseinandersetzung um die Methodenvielfalt der Soziologie zwischen der Kritischen Theorie und dem Kritischen Rationalismus bezeichnet. Der Positivismusstreit war nicht nur ein Streit der Theorie, sondern auch einer der soziologischen Institutionen. Es existierten zwei große internationale Soziologie- Vereinigungen (vgl. Dahms 1994, 320). Die International Sociological Association (ISA, gegründet 1949) war inhaltlich progressivantifaschistisch, das Institut International de Sociologie (IIS, gegründet 1893) eher konservativ. Beide Vereinigungen hatten deutsche Sektionen, zwischen denen es verschiedene inhaltliche Spannungen gab. Eine kaum überschaubare Theorien- und Methodenvielfalt zeichnet die moderne deutsche Soziologie aus. Aus wissenschaftstheoretischer Sicht vor allem durch die hermeneutisch verfahrenden (theoretischen) Geisteswissenschaften zum einen und den experimentell überprüfenden bzw. messenden (empirischen) Naturwissenschaften zum anderen. Am deutlichsten zeigen sich diese Richtungen in der andauernden Auseinandersetzung von qualitativer und quantitativer Sozialforschung und deren passend favorisierter Forschungsdesigns. Die Existenz beider Richtungen und deren zeitweise Verflechtung, schließt die Möglichkeit nicht aus, dass sich die Ansätze, jedoch mit unterschiedlicher Gewichtung, gegenseitig durchdringen. Der „Positivismusstreit" nach Adorno, welcher auf einer Tübinger Arbeitstagung der deutschen Gesellschaft für Soziologie 1961 stattfand und maßgeblich von Ralf Dahrendorf mit organisiert wurde, lies die bis dahin latenten Differenzen der jeweiligen Forschungsausrichtungen und Theorien unter den deutschen Soziologen erstmals in komplexer Art öffentlich werden. Karl R. Popper (1902- 1994), stellungnehmend zu theoretisch und methodologischen Problemen der Soziologie, steht ebenso wie Theodor W. Adorno (1903-1969), als Vertreter der Frankfurter Schule argumentierend mit einem dialektisch-kritischen Theorieentwurf der Sozialwissenschaften, im Fokus der Diskussion. Aufgrund der Tatsache, dass Adorno Popper als „Positivist" titulierte, selbst aber unter konstantem Ideologieverdacht stand, bezüglich der objektiv oder wertenden Verfahrensweise der Sozialwissenschaften, erscheint es in diesem Zusammenhang notwendig zunächst einige Begriffsklärungen vorzunehmen, um den thematischen Rahmen des Positivismusstreits darstellen zu können und folglich auf den Beitrag Adornos einzugehen. Der Einfachheit halber werden lediglich die geläufigen Definitionen von „Positivismus", „Ideologie" und „Objektivität" bzw. „Wertfreiheit" dargestellt.

Darauf aufbauend sollen einige von Adornos Thesen aufgeführt werden, die anhand seiner Argumentationsstrategie gefestigt werden sollen. Da der seine Wurzeln im Ersten Weltkrieg tragende Positivismusstreit nicht nur eine Diskussion in sich einschließt, sondern einflussreich im soziologischen Bezug war und Veränderungen hervorrief, sollen abschließend Eindrücke anderer Teilnehmer ihre Berechtigung finden.

1.1 Begriffsdefinitionen

1.1.1 Positivismus

Die Namensgebung und erste Institutionalisierung des Positivismus geht auf Auguste Comte (1798–1857) zurück. Im 19. Jahrhundert wurde der Positivismus vorübergehend zu einem internationalen humanistischen Religionsersatz ausgebaut, der alles Transzendente aus den Überlegungen ausschloss. Jedoch entstanden rasch Differenzen zwischen der erkenntnistheoretischen Position, die vor allem die Wissenschaftsdiskussion auf sich zog, und dem institutionalisierten Positivismus, der einen Religionsersatz anstrebte. Im Allgemeinen versteht man unter dem Positivismus eine Erkenntnis- und Denkrichtung, die fordert, Erkenntnisse auf die Interpretation „positiver Befunde" zu beschränken. Als „positiv" werden ebenso wie in den Naturwissenschaften Befunde bezeichnet, die unter vorab definierten Bedingungen einen Nachweis erbringen. Die positive Erkenntnis ist also gleichzusetzen mit der Erfahrungserkenntnis, deren Weg von begründeten Einzelaussagen auf allgemeine Aussagen, also von der Beobachtung zur Theoriebildung führt. Demnach werden Erkenntniswege, die von abstrakten Voraussetzungen abhängig sind vom Positivismus ausgeschlossen. Eine eigenständige wissenschaftliche Disziplin ist der Positivismus aber nicht, eher eine bereichs- und ansatzweise unterschiedlich stark ausgeprägte Auffassung von Wirklichkeit im beschriebenen Sinn. Daraus werden jeweils entsprechende methodologische Konsequenzen gezogen. In Übereinstimmung lehnen sowohl Popper als auch Adorno die „szientistische" (vgl. Adorno 1972, 126) Verfahrensweise der Naturwissenschaften für die Sozialwissenschaften ab, da sie dem gekennzeichneten positiven Erkenntnisweg folgen. Hinsichtlich dieses Arguments kann Popper nicht als „Neopositivist" benannt werden.

4

1.1.2 Wertfreiheit und Kritischer Rationalismus

Eine positivistische Denkrichtung ist gleichzusetzen mit dem wissenschaftlichen Ideal der Objektivität, d.h. Sachverhalte sollen unbeeinflusst von subjektiven Erkenntnis- und Wahrnehmungsbedingungen beschrieben und wiedergegeben werden. Sie sollen so dargestellt werden, wie bzw. was sie „wirklich" sind. Eine weitere Annäherung an ein wissenschaftliches Ideal ist die objektive Genauigkeit oder auch exakte Forschung. Erstmals forderte Max Weber diese in seinen wissenschaftlichen Arbeiten im Zusammenhang mit der Wertfreiheit, die in sich selbst eine Wertvorstellung ist. Seinsaussagen, die faktische Tatsachen und Funktionen des Untersuchungsobjektes aufzeigen und Sollensaussagen, die den Gegenstand anhand einer Werteskala beschreiben, müssen voneinander getrennt werden. Somit sind jedoch Sollensaussagen unbrauchbar, um eine eindeutige Wahrheit oder Falschheit, im Sinne der klassischen zweiwertigen Logik festzustellen und Aussagen über die Wirklichkeit zu treffen. Zur Trennung von Seins- und Sollensaussagen sieht der Kritische Rationalismus, den Popper vertritt, das Falsifikationsprinzip vor. Nach Karl Popper ist der Kritische Rationalismus skeptisch gegenüber Erkenntnissen. Sicheres Gegenstandswissen sei unmöglich, da alle Aussagen kritisierbar sind. Bezüglich der Erkenntnis ist es problematisch Gegenstände zu definieren, da die jeweiligen Definitionen ebenso nach Definitionen verlangen und so ein unaufhörlicher Kreislauf entsteht. Popper vertritt den Standpunkt der Nichterkennbarkeit der Welt, da alles falsifizierbar ist. Die Unsicherheit, Wahrheiten nicht aufdecken zu können, bedeutet aber keine Aufgabe der Forschung, vielmehr steht im Mittelpunkt Hypothesen aufzustellen und durch Kritik zu überprüfen. Dabei ist das Wissen lediglich eine Vermutung, die Wahrheit soll aber dennoch gesucht werden, wenngleich Gewissheit nie erreicht werden wird. Dennoch kann es zu einer Annäherung an die Wahrheit kommen, indem der Kritische Rationalismus gute von schlechten Theorien abgrenzt. Bezüglich politischer Sichtweisen entsteht durch diese Anschauung eine Abneigung gegenüber dem Marxismus. Popper, in jungen Jahren selbst Marxist, kritisiert diesen hauptsächlich aufgrund des Historischen Materialismus und der Dialektik, die er verwirft. Historische Gesetzmäßigkeiten und Prognosen sind mit dem Kritischen Rationalismus nicht vereinbar. Eine „offene Gesellschaft", die kritikfähig und reformierbar ist, dafür tritt Popper ein. Unter Verwerfung der marxistische Revolutionstheorie. Weiterhin fordert Popper eine intellektuelle Bescheidenheit in der Wissenschaft, so dass Ergebnisse jedem zugänglich gemacht werden können.

Ein Vorwurf an die Frankfurter Schule lautet: „Sie haben nicht gelernt, wie schwer es ist, Probleme zu lösen und der Wahrheit näher zu kommen. Sie haben nur gelernt, wie man seinen Mitmenschen in einem Meer von Worten ertränkt." (Popper 1987, 104).

1.1.3 Ideologie und Kritische Theorie

Aus einer bestimmten Denkrichtung soll die Entwicklung einer Welt angestrebt werden, die ihre Aufgabe nicht allein in der objektiven Erkenntnis der Wirklichkeit sieht. Darunter versteht sich die wissenschaftliche Theorie der Ideologie. Die kritische Theorie, basierend auf dem dialektischen Materialismus des Marxismus, der auch die Emanzipation des Menschen zum Ziel hat, grenzt sich von traditionellen bzw. empirischen Theorien ab. Entsprechend, als Angehöriger der Frankfurter Schule und der kritischen Theorie, argumentiert Adorno auf der Grundlage marxistisch-materialistischer Theoreme, wenngleich er kein kommunistischer Ideologe ist. Adorno sieht im ,,emphatischen Begriff der Wahrheit (...) die richtige Einrichtung der Gesellschaft mitgedacht, so wenig sie auch als Zukunftsbild auszupinseln ist."(Adorno 1972, 143). Folglich verlangt er eine Forschungshaltung, die ,,weder sich verbeißt in Wertfreiheit, (...) noch vom abstrakten und statischen Wertdogmatismus sich leiten läßt."(Adorno 1972, 140). Die kritische Theorie betrachtet Entwicklungen, Relationen zu anderen Gegenständen und die Widersprüche in dem Gegenstand selbst. Die kritische Theorie wendet sich gegen eine klare Trennung der Disziplinen, da die Wissenschaft der Komplexität der Realität gerecht werden muss.

2 Hauptteil

Die angesprochene konzeptuelle Differenz zwischen Kritischem Rationalismus und der Kritischen Theorie ist die Basis für den Positivismusstreit. Mittels einiger Kernthesen soll folgend Adornos Position dargestellt werden.

2.1   Adornos Standpunkt

2.1.1 Konzept der Gesellschaft

Die Vorstellung der Gesellschaft ist für den weiteren Argumentationsverlauf Adornos die Basis. Er versteht diese in ihrer Vielschichtigkeit als ein zum Teil widersprüchliches Ganzes „ Die Gesellschaft ist widerspruchsvoll und doch bestimmbar; rational und irrational in eins, System und brüchig, blinde Natur und durch Bewußtsein vermittelt." (Adorno 1972, 126). Wobei er weiterhin die Auffassung vertritt, dass das System und seine einzelne Bestandteile reziprok und nur in ihrer Reziprozität erkennbar sind. „So wenig aber jenes Ganze vom Leben, von der Kooperation und dem Antagonismus seiner Elemente abzusondern ist, so wenig kann irgendein Element auch bloß in seinem Funktionieren verstanden werden ohne Einsicht in das Ganze, das an der Bewegung des Einzelnen selbst sein Wesen hat." (Adorno 1972, 127). Hiermit drückt Adorno eine „gesellschaftliche Totalität" aus, die den Menschen als Forschungsgegenstand der Soziologie prägt und ihn so von den Naturwissenschaften abhebt. Ein problembehafteter Zustand der Gesellschaft scheint nach Adorno darin zu liegen, dass diese sich durch Fortschrittlichkeit selbst erhält und entwickelt, darüber hinaus sich aber gleichzeitig gefährdet. So werden in innovativen Neuerungen häufig ökologische oder politische Konsequenzen unberücksichtigt gelassen, sodass eine latente Bedrohung für die gesamte Menschheit entstehen kann. Häufig ist dieses Phänomen bei der Energiegewinnung anzutreffen. Adorno zieht aus dieser Ansicht über die Gesellschaft Konsequenzen für den epistemologischen Ansatz und die Methodik der Soziologie.

2.1.2 Erkenntnistheoretische und methodologische Auswirkungen

Basierend auf der gesellschaftlichen Auffassung Adornos können soziale Sachverhalte nur unter Berücksichtigung dieser Totalität verstanden werden. Wissenschaftler oder vielmehr Soziologen, die sich kleinschrittig und mit schlüssigen Verfahren der Gesellschaftsanalyse

annehmen, werden womöglich ihr Ziel verlieren, da Einzelbeobachtungen, ohne die Antezipation jenes strukturellen Momentes des Ganzen, das in Einzelbeobachtungen kaum je adäquat sich umsetzen lässt" (Adorno 1972, 127) kaum Relevanz besitzen.

Ist der Untersuchungsgegenstand komplex und widersprüchlich, ist die Erklärung mittels eines logischen Systems nicht ausreichend wirkungsvoll. Dies resultiert daraus, dass Widersprüche in einem logischen System falsifiziert werden und die Komplexität von Strukturen durch die Einrichtung von Kategorien schematisch vereinfacht werden können. Bezugnehmend fordert Adorno die Ausweitung des logischen Rationalitätsprinzips auf widersprüchliche gesellschaftliche Sachverhalte. Allerdings wird Adorno nicht konkret und lässt offen wie ein solches schwer vorstellbares Prinzip für die sozialwissenschaftliche Methodenlehre fassbar gemacht werden könnte.

2.1.3 Wertbegriff und erkenntnistheoretische Auswirkungen

Adorno betont in einer zentralen These seines Korreferats die Untrennbarkeit von wertendem und nichtwertendem Verhalten „ die Trennung von wertendem und wertfreiem Verhalten ist falsch,(...).(Adorno 1972, 138). Nach Adorno wäre die Folge einer Trennung die Spaltung von Mittel und Zweck (vgl. ebd., 138). Das Sollen steckt im Sein. Demnach ist der Wert kein Äußerliches eines Objekts, sondern gehört unabdingbar zu ihm. Adorno meint, dass sich die Gesellschaft an ihrem Ideal messen lässt, das aus der Kritik des Bestehenden erwächst, sodass ein wertfreie Herangehensweise an die Gesellschaft diese verfehlt. Zunächst leitet Adorno seinen Wertbegriff aus dem marxistischen Theorem des ökonomischen Tauschverhältnisses ab. Nach Adorno kann die Erkenntnis von Gesellschaft nicht wertfrei sein, denn „der Gegenstand gesellschaftlicher Erkenntnis, ist so wenig ein Sollensfreies, bloß Daseiendes (...) wie die Werte jenseits an einem Ideenhimmel anzunageln sind" (vgl. Adorno 1972, 138). So ist davon auszugehen, dass dieser Ansicht nach der Wert einer Sache in der Entwicklung der modernen Gesellschaft beweglich geworden ist, da sich die Sache selbst zu einem innerlichen Element entwickelte.

8

2.1.4 Kritikbegriff und erkenntnistheoretische Auswirkungen

Die Anschauung Adornos besagt, dass die Soziologie sich nicht ohne Vorbehalt auf die „organisierte Wissenschaft als Instanz von Wahrheit" (Adorno 1972, 133) verlassen sollte, da diese als Institution selbst gesellschaftlichen Spielregeln unterliegt.

Daher lehnt Adorno eine Kritik ab, die auf einer vollständigen empirischen Überprüfbarkeit von Theorien durch Fakten basiert und bleibt skeptisch gegenüber der Objektivität des wissenschaftlichen „Diskussionsspiels". Die Aussage: „Der kritische Weg ist nicht bloß formal, sondern auch material; kritische Soziologie ist, wenn ihre Begriffe wahr sein sollen, der eigenen Idee nach notwendig zugleich Kritik der Gesellschaft (...) (Adorno 1972, 135), ist die wahrscheinlich ausdrucksvollste Forderung nach der Ausdehnung des Kritikbegriffs auf den Untersuchungsgegenstand. Sozialwissenschaftler, wollen sie sich nicht unterwerfen, dürfen nicht auf eine kritische Gesellschaftstheorie verzichten. „Nur dem, der Gesellschaft als eine andere denken kann denn die existierende,(...); nur durch das, was sie nicht ist, wird sie sich enthüllen als das, was sie ist, und darauf käme es doch wohl in der Soziologie an, (...)."(Adorno 1972, 142). Zum Ende des Referates führt Adorno an „ Der Verzicht der Soziologie auf eine kritische Theorie der Gesellschaft ist resignativ: man wagt das Ganze nicht mehr zu denken, weil man daran verzweifeln muss, es zu verändern." (Adorno 1972, 142)

2.1.5 Rangfolge der Humanwissenschaften: Position der Soziologie

Adorno reiht die Soziologie in der Hierarchie der Humanwissenschaften über der Psychologie an. Dies geschieht aber nicht aus Gründen der Kompetenz, sondern leitet sich vielmehr aus seiner Version des Totalitätsbegriffs ab: „Die Autonomie der Sozialprozesse ist selber kein An sich, sondern gründet in Verdinglichung; auch die den Menschen entfremdeten Prozesse bleiben menschlich."(Adorno 1972, 141). Dabei ist auch Durkheims These von der Ohnmacht des Individuums gegenüber der Gesellschaft von Bedeutung, die sich Adorno zu eigen macht. Demnach muss der Erforschung der Gesellschaft, also der Soziologie, eine Vorrangstellung vor der „Erforschung des Einzelmenschlichen" (Adorno 1972, 141) bzw. der Psychologie eingeräumt werden. Jedoch muss er einräumen, dass eine absolute Eigenständigkeit der Soziologie und folglich eine Trennung von Psychologie unmöglich sei, da

der Mensch in keinem Fall aus seiner Umwelt herauszulösen ist. "Die Subjekte (...) werden nicht bloß, wie man das so nennt, von der Gesellschaft beeinflußt, sondern sind bis ins Innerste durch sie geformt. (...) Umgekehrt ist die sozial wirksame Umwelt (...) von der organisierten Gesellschaft produziert." (Adorno 1972,140)

2.1.6 Bestimmung der Soziologie

Im Allgemeinen ergibt sich aus Adornos Referat eine aufklärerische Bestimmung der Soziologie. Sie soll als Wissenschaft kritisch sein, zur Entmythologisierung beitragen und auf diesem Wege die Gesellschaft vom ,,Bann menschlicher Verhältnisse" befreien. Aufklärung, die das vergißt, desinteressiert es beim Bann beläßt und sich in der Herstellung brauchbarer Apparaturen erschöpft, sabotiert sich selbst mitsamt jenem Begriff der Wahrheit (...)"(Adorno 1972, 143) Mit diesen Worten, die nochmals Adornos Intention der Soziologie ausdrücken, findet sein Koreferat zum Ende.

3 Schluss

3.1 Adornos Argumentationsstrategie

Zusammenfassend macht sich Adorno Poppers Thesen zu eigen, indem er sie in seine persönlichen Ausführungen und Argumentationen überträgt, um diese von allen Gesichtspunkten aus darstellen und abschwächen zu können, stellenweise sogar als seine eigenen Standpunkt zu verzeichnen.

3.1.1 Impressionen anderer Teilnehmer

Leicht konnte den Referenten unterstellt werden, dass aus einer geplanten Diskussion zwischen Vertretern unterschiedlicher verfeindeter Lager ein rücksichtsvolles „Aneinander vorbeireden" entstanden ist. Stillschweigend überging Adorno einige Aspekte Poppers und vermied verbale Attacken als direkte Angriffe auf die gegnerische Sichtweise. Die Teilnehmer kritisierten die eher erkenntnistheoretische Auslegung der Vorträge. Vielmehr vermochten sie, dass konkrete methodologische Aspekte angesprochen werden. Es schien den Teilnehmern, als sei keine Diskussionsbasis gefunden worden. Adorno räumt später in seinen

Schriften ein, dass es sich tatsächlich nicht bloß um Standpunktdifferenzen handelt, sondern, um ein grundsätzliches kommunikatives Problem des wissenschaftlichen Diskurses. Auffallend ist außerdem, dass der Begriff des Positivismus im Positivismusstreit kaum Beachtung findet, zumal die Statusfrage des Streits die bereits infrage gestellt ist. Demnach ist schon die Bezeichnung der Debatte missverständlich, die von Adorno gewählt wurde.

3.1.2 Mögliche Gründe missverständlicher Auffassungen

Die Vermutung, dass sich sowohl Popper, als auch Adorno im Vorfeld der Tagung nur unzureichend über die wissenschaftlichen Position ihres jeweiligen Gegenübers informiert haben und deshalb zwangsläufig „aneinander vorbeireden" mussten, führt Dahms in seiner historisierenden Dissertation an. Des Weiteren wählte Dahrendorf, als „Schirmherr" der Tagung, mit Popper einen bislang unpopulären Wissenschaftstheoretiker. Empirische Studien tangierten Popper bis zu diesem Zeitpunkt nur geringfügig. Doch mit Adorno fiel Dahrendorfs Wahl auf ein renommiertes Mitglied des Frankfurter Schule. Jedoch kam auch Adorno in seinem Korreferat nicht auf konkrete methodologische Fragestellungen zu sprechen. Es ist zu mutmaßen, dass sich Adorno als Korreferent ebenso allgemein über die Soziologie äußerte, wie es zuvor Popper mit den recht allgemein gehaltenen erkenntnistheoretischen Thesen getan hatte. Diese Argumente sind lediglich Erklärungsversuche dafür, wie es zu einem Missverständnis kommen konnte.

Literaturverzeichnis

Primärliteratur

Adorno, Theodor W. (e.a.) 1972. Der Positivismusstreit in der deutschen Soziologie. Neuwied und Berlin

Sekundärliteratur

Dahms, Hans-Joachim 1994. Positivismusstreit. Die Auseinandersetzung der Frankfurter Schule mit dem logischen Positivismus, dem amerikanischen Pragmatismus und dem kritischen Rationalismus. Frankfurt a. M.: Suhrkamp

Popper, Karl R. 1987. Auf der Suche nach einer besseren Welt. Vorträge und Aufsätze aus dreißig Jahren. Piper München

Lightning Source UK Ltd.
Milton Keynes UK
UKRC010343081118
331959UK00001B/3

Lightning Source UK Ltd.
Milton Keynes UK
UKRC010343081118
331959UK00001B/3

Literaturverzeichnis

Primärliteratur

Adorno, Theodor W. (e.a.) 1972. Der Positivismusstreit in der deutschen Soziologie. Neuwied und Berlin

Sekundärliteratur

Dahms, Hans-Joachim 1994. Positivismusstreit. Die Auseinandersetzung der Frankfurter Schule mit dem logischen Positivismus, dem amerikanischen Pragmatismus und dem kritischen Rationalismus. Frankfurt a. M.: Suhrkamp

Popper, Karl R. 1987. Auf der Suche nach einer besseren Welt. Vorträge und Aufsätze aus dreißig Jahren. Piper München